NOTICE

SUR

M. ANTOINE PUIGGARI

COLONEL DU GÉNIE EN RETRAITE,

COMMANDEUR DE LA LÉGION D'HONNEUR

PERPIGNAN

IMPRIMERIE DE CHARLES LATROBE

1, Rue des Trois-Rois, 1

—

1891

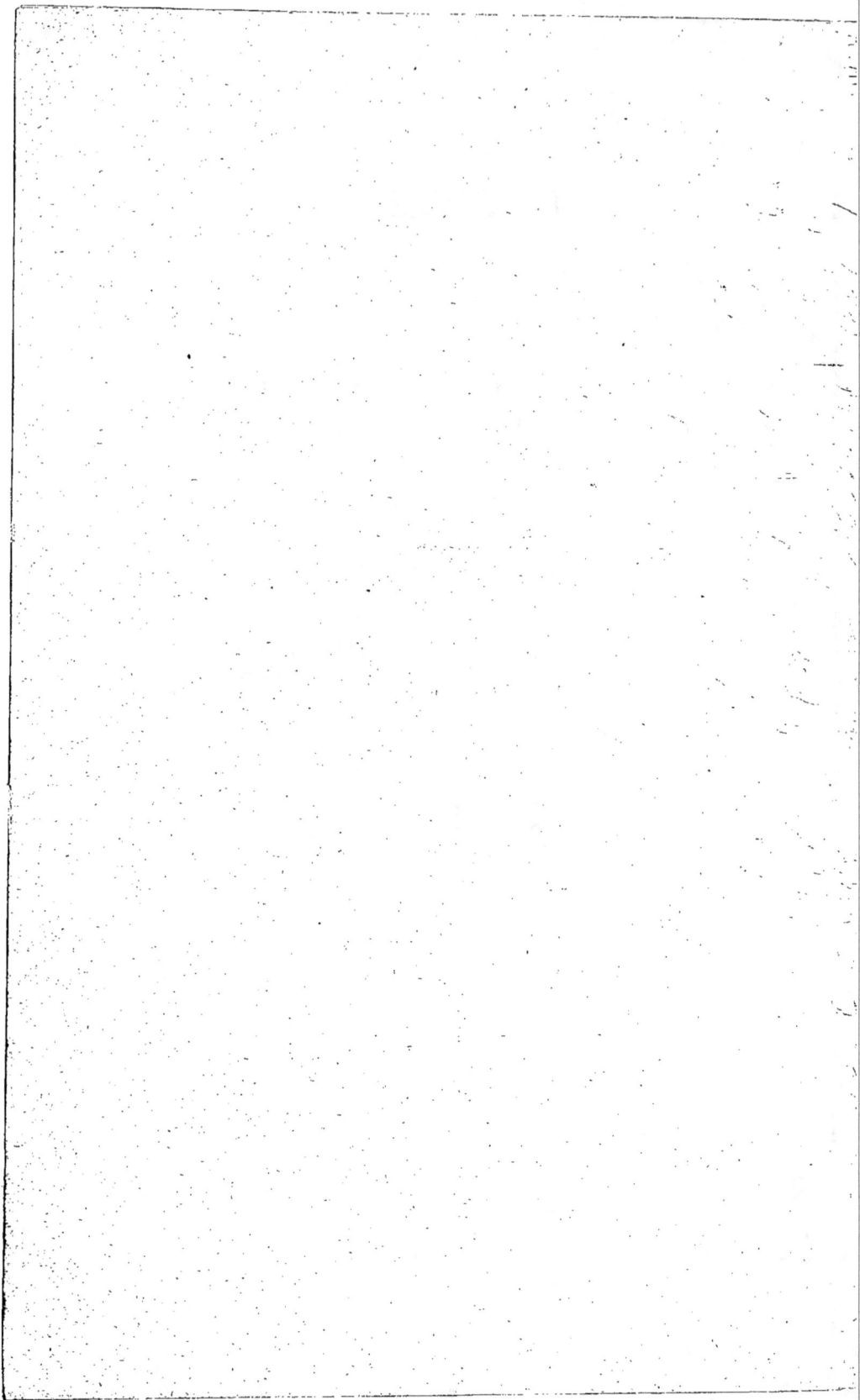

NOTICE SUR M. ANTOINE PUIGGARI

NOTICE

SUR

M. ANTOINE PUIGGARI

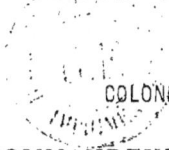

COLONEL DU GÉNIE EN RETRAITE,

COMMANDEUR DE LA LÉGION D'HONNEUR

PERPIGNAN

IMPRIMERIE DE CHARLES LATROBE

1, Rue des Trois-Rois, 1

—

1891

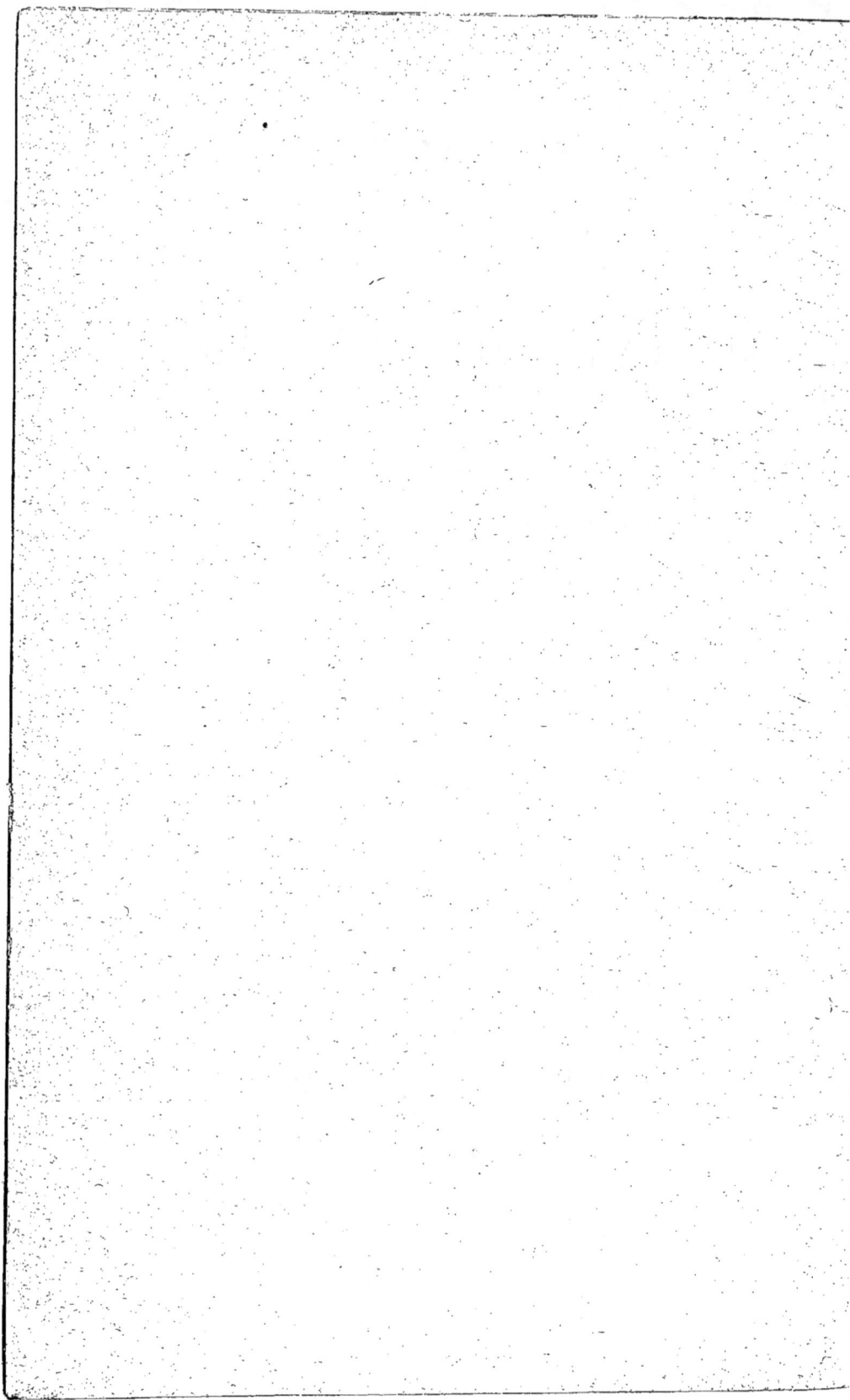

NOTICE

SUR

M. ANTOINE PUIGGARI

Colonel du Génie en retraite,
Commandeur de la Légion d'honneur.

———

Antoine-Jean-Baptiste-François-Xavier Puiggari était
né à Perpignan le 17 janvier 1815. Admis, en 1833, à
l'École Polytechnique, il passa par l'École d'application
de Metz et entra dans le corps du Génie. Puiggari
servit quelque temps en Afrique, fut ensuite chargé
des chefferies de Prats-de-Molló et de Fort-les-Bains,
de mars 1841 à juillet 1848, et fit la campagne de
Rome, comme commandant d'une compagnie de sapeurs;
il remplit les fonctions de chef du Génie, à Perpignan
par intérim, pendant l'été de 1850, et à Narbonne, fut
nommé chef de bataillon à Montpellier et termina sa
carrière militaire à Perpignan, où il fut directeur des
fortifications, de 1867 à 1875.

Chevalier de la Légion d'honneur en 1849, il fut promu officier le 12 août 1862 et commandeur le 21 avril 1874.

En 1842, Puiggari rédigea pour Amélie-les-Bains un projet d'hôpital thermal : le talent dont il fit preuve en cette circonstance, l'habileté qu'il montra dans la direction des travaux, le zèle avec lequel il s'employa à défendre les intérêts de l'État dans diverses affaires d'expropriation, lui valurent de nombreuses félicitations de ses chefs. Plus tard, Puiggari établit les projets du fort des Bazergues, dans la vallée de l'Ariège, de la caserne de Mende, d'une caserne à Montpellier, etc. Il fut commandant de place à Perpignan pendant la difficile période du 2 novembre 1870 au 30 mars 1871.

Ses services de guerre étaient non moins remarquables. Sans parler de ses campagnes d'Afrique, à Rome, où il rencontra le général Niel, qui avait appris à l'apprécier en Algérie, le capitaine Puiggari prit part à diverses affaires, notamment au combat du 30 avril 1849, où il se trouva en tête de colonne ; le rare courage dont il fit preuve ce jour-là lui valut la croix de la Légion d'honneur. Puiggari fut, à Rome, sous les ordres du commandant Frossard, qui joignait à une bravoure superbe [1] des qualités extraordinaires de décision et de prévoyance. Frossard lui ordonna un soir de prendre quelques hommes, notamment un sergent corse qui parlait italien, et de se porter à proximité d'un bastion occupé par les Garibaldiens ;

---

[1] Le colonel Puiggari m'a raconté qu'un jour, à la tranchée, Frossard reçut une balle sur le schako sans sourciller, sans même laisser paraître qu'il eût remarqué cet incident.

là, le sergent devait entamer la conversation avec la
sentinelle ennemie et puis s'approcher d'elle ; deux
ou trois sapeurs et le capitaine iraient successivement
rejoindre le sergent ; enfin, le commandant suivrait et
on aviserait. Les choses se passèrent ainsi que Frossard
l'avait prévu ; quand le factionnaire italien se vit
entouré de Français, il menaça de faire feu ; on lui
répondit de faire comme il lui plairait ; il tira en l'air
et se sauva, entraînant le poste. Puiggari, chargé de
reconnaître les lieux, s'avança jusqu'au Tibre, seul,
armé de deux méchants pistolets. Le lendemain Rome
était enlevée d'un autre côté, mais le capitaine Puiggari et ses hommes avaient été les premiers à pénétrer
dans la ville.

Avec de pareils états de service, Antoine Puiggari
aurait pu prétendre aux plus hauts grades. Voici la
conclusion des notes qui lui furent données pendant
qu'il commandait l'école régimentaire à Montpellier :

« M. le commandant Puiggari est doué d'une grande
« intelligence ; il possède une instruction solide et
« variée. Il a beaucoup de finesse d'esprit, de la fermeté
« sans raideur, une grande égalité de caractère. C'est
« un officier supérieur fort distingué, d'avenir, et un
« commandant d'école remarquable ».

L'attachement de Puiggari à son pays natal,
l'affection sans borne qu'il avait vouée à sa famille
contrarièrent son avancement. Dès 1855, Frossard lui
reprochait amicalement de ne pouvoir pas s'arracher au
Roussillon ou aux contrées voisines et, en 1874, le
général Gessex lui écrivait en le félicitant de sa promo-
tion au grade de commandeur :

« Jamais croix de commandeur n'aura été plus
« dignement portée. J'aurais désiré autre chose pour
« vous et certes votre expérience et votre jugement si
« sûr auraient été bien utiles au sein du Comité des
« fortifications : l'enchaînement des circonstances et
« aussi, je dois le dire, votre modestie exagérée ont
« empêché qu'il ne fût donné suite aux propositions pour
« le grade d'officier général qui ont été présentées.....
« Ces propositions resteront comme le témoignage de
« la haute estime qu'ont eue pour vous tous ceux qui
« ont été à même de vous apprécier ».

Puiggari appartenait à une famille où la science
historique était en honneur : son oncle Pierre Puiggari
était sans conteste le plus distingué des érudits roussillonnais de sa génération. Sans doute cet exemple ne
fut pas sans exercer quelque influence sur le neveu,
qui témoigna lui-même, dès les premiers temps de sa
carrière, d'un esprit curieux des choses de l'érudition :
en Afrique, Antoine Puiggari avait appris l'arabe et
s'était adonné à l'étude de l'archéologie orientale; pendant l'expédition de Rome, il joignit l'italien à l'espa-
gnol, qu'il connaissait déjà, et il présida une commission
chargée de travaux historiques. Doué d'une mémoire
heureuse, d'un esprit précis et perspicace, chercheur
infatigable, il possédait de plus une qualité infiniment
précieuse pour un archéologue : une habileté surpre-
nante au dessin. L'École d'application de Metz gardait
encore, en 1870, des épreuves de lui et il a laissé dans
ses cartons nombre de plans où on ne sait ce qu'il faut
le plus admirer de la sûreté de main ou de la patience
du dessinateur. Le colonel Puiggari avait aussi un réel

talent d'exposition : la description des plombs trouvés par lui à Amélie-les-Bains est véritablement un modèle de clarté.

Jusqu'à la fin d'ailleurs il exerça sa plume : pour se distraire, ce vieillard ne dédaignait pas de tourner des vers latins, catalans ou français. Voici comme il répondait, le 24 mai 1889, à un maître de la littérature catalane qui l'avait félicité au sujet d'une poésie :

« ... Mettons, si vous le voulez, que j'aie réussi « passablement une fois : *Una flor no fa estiu, ni* « *duas primavera*. Permettez que je vous prie de lire « jusqu'au bout une fable où je me trouve fidèlement « dépeint :

> « Un cap boix de rabadà
> « Cert de mati descuydà
> « Sa flauta all bell mitg d'un prat,
> « Per casualitat.

> « Un ase tot pasturant
> « Ab la flauta ensopegant
> « Va caurer amurriat,
> « Per casualitat.

> « Un buf tot cahent llansá,
> « La flauta un acort donà
> « Molt just y ben acertat,
> « Per casualitat.

> « Mirau, diguè l'animal,
> « Quin talent tinch jo ! Es formal,
> « Ara l'hè manifestat
> « Per casualitat.

« Burricos qui versos feu,
« Un o altre n'acertareu
« Sens haver estudiat,
« Per casualitat. »

Archéologue d'autant plus sûr qu'il était habile constructeur, Antoine Puiggari était surtout un catalaniste accompli : au dire d'un bon juge, la vieille langue de la province coulait de ses lèvres, pure et nette comme une source coule des glaciers du Canigou. Malgré ces dispositions exceptionnelles, il ne publia cependant pour ainsi dire rien. Tout le long du jour il travaillait pour apprendre, non pour imprimer, se contentant d'accumuler les notes et les ouvrages, les plans et les admirables reproductions de manuscrits ou d'estampes, dans sa belle bibliothèque de la rue Saint-Christophe [1]. A qui l'engageait à faire connaître le résultat de ses études, il répondait en plaisantant qu'il avait bien assez de mal à s'instruire sans chercher à instruire le public.

Ce savant, je m'empresse de l'ajouter, communiquait

[1] Le colonel Puiggari a laissé néanmoins un certain nombre d'études manuscrites ; en voici l'énumération : 1o *Les Goigs* ; 2o *Le pluriel féminin catalan* ; 3o *L'interjection catalane : Carail* ; 4o *Les dates métriques* ; 5o *Une inscription du VIe siècle à Prats-de-Molló* ; 6o *Une inscription catalane du XIIIe siècle* ; 7o *Un bassin de cuivre jaune de Saint-Michel de Cuxa* ; 8o *Un ivoire de Narbonne* ; 9o *Les dynars trouvés à Monastir-del-Camp* ; 10o *Les monnaies seigneuriales de Bésalu et de Roussillon trouvées près de la Junquera* ; 11o *Le premier livre imprimé à Perpignan, en 1502* ; 12o *Le prieuré de Saint-Estève-del-Monestir* ; 13o *Notes sur saint Enves* ; 14o *La légende de saint Lin* ; 15o *L'apparition de l'Ange* ; 16o *Le bras de saint Jean-Baptiste conservé à Saint-Jean* ; 17o *Le Vieux Saint-Jean*, et d'autres petits travaux qu'il serait trop long d'énumérer.

avec une libéralité bien rare les notes qui lui avaient coûté tant de labeur. Par ses indications et ses conseils il exerça sur les études historiques en Roussillon une influence considérable. Il fut, de plus, en correspondance avec MM. Anatole de Barthélemy, Reinaud, de Saulcy, Allmer, Sacaze, Révoil, Douais, etc. et avec les plus distingués parmi les écrivains de la Catalogne.

Durant de longues années il resta l'ami intime et le conseiller de deux érudits, Louis de Bonnefoy, qui brisa prématurément sa plume après avoir écrit sa belle étude sur l'*Épigraphie roussillonnaise*, et M. de V****, qui partage beaucoup trop, au gré des chercheurs, la répugnance de notre pauvre Colonel pour l'impression.

« Il faut toujours par quelque point payer tribut à
« la faiblesse humaine. J'écris un éloge sincère, non
« un panégyrique, et je dois avouer que cet homme
« excellent montrait en certains cas trop de subtilité
« d'esprit. Par surcroît de science peut-être, ou par une
« pente de sa nature portée à la minutie, il lui arrivait
« de se montrer méticuleux à l'excès et de compliquer
« inutilement les choses les plus simples. Cette tendance
« n'est pas très rare chez ceux..... qui ont vécu avec
« les chiffres... C'est le revers, et comme la rançon
« de leurs autres mérites. La vérité humaine est d'un
« autre ordre que la vérité algébrique [1] ».

On dirait, en vérité, que ces lignes d'un littérateur et d'un penseur ont été écrites pour le colonel Puiggari: ce travailleur puissant ne savait pas toujours propor-

[1] M. Gaston David, *Eloge de Brives-Cazes*. Discours de réception à l'Académie de Bordeaux.

tionner l'effort à l'importance du sujet, ni distinguer des données négligeables du problème les difficultés essentielles: il était arrêté quelquefois par un détail insignifiant ou ne se rendait pas compte de l'impossibilité absolue de résoudre certaines questions auxquelles il s'attaquait. C'est la seule lacune que j'aie constatée dans cette âme d'élite. Car je ne crois pas avoir jamais eu sous les yeux un modèle approchant autant de la perfection.

La conduite d'Antoine Puiggari était bien le plus admirable résumé des qualités maîtresses de la double carrière qui fut la sienne : l'ingénieur et le soldat. Au fond de tous ses actes, on retrouve la réflexion d'abord et ensuite l'obéissance au devoir. Il cherchait où il *devait* aller, et quand une fois il avait reconnu ce but, il y marchait avec la même fermeté calme qu'il avait au feu sous les murs de Rome. Ce n'est pas que Puiggari fût une nature froide : la bonté éclatait sur sa physionomie, j'en trouve le témoignage jusque dans les notes de ses chefs. Mais il avait subordonné à la raison ce que Dieu avait mis en lui de générosité native et de spontanéité.

A Perpignan, il était inconnu ou plutôt méconnu : c'est que, malgré le long commerce des hommes, il était resté un de ces délicats qui fuient volontiers le contact du vulgaire et le bruit des foules. En 1876, un ami le priait de se laisser inscrire parmi les membres actifs d'une société d'anciens officiers. Voici la réponse du Colonel ; c'est une vraie profession de foi :

« Mon cher ami,

« Je vais te dire tout simplement pourquoi je n'ai
« pas sollicité et pourquoi je refuse l'honneur d'appar-
« tenir à la société de Saint-Georges.

« Je veux être enterré très modestement, comme
« l'ont été mon père et ma mère ; je ne veux pas de
« discours au bord de ma fosse ; je veux, à la fin de
« ma vie, jouir, sans en rien aliéner, m'imposant une
« obligation quelque légère qu'elle soit, de toute la
« liberté que me laissent les lois divines et humaines.

« Je suis très sensible à ta bonne amitié, qui t'abuse
« sur ce que je vaux. »

Dès son arrivée à Perpignan, en 1867, le Colonel
s'était fait recevoir de la Société Scientifique ; à
Narbonne déjà et à Montpellier, il avait pris aux
travaux d'érudition une part considérable et la Commission archéologique de Narbonne le nomma plus
tard membre honoraire, comme étant « l'un des
« hommes dont elle avait eu le plus de droit de s'enor-
« gueillir. » La Société des Pyrénées-Orientales fut
amenée à lui offrir, en juillet 1871, la vice-présidence.
Le Colonel refusa, persuadé qu'au lendemain de nos
désastres un officier n'avait pas le droit de dérober
à ses occupations professionnelles une part quelconque
de son temps et de ses forces :

« Comme chef militaire, je dois à mes subordonnés
« le bon exemple ; celui que je leur donnerais en
« acceptant volontairement des devoirs étrangers à

« mon service ne serait pas sans inconvénient dans les
« circonstances actuelles. »

En décembre 1874, la Société fit de nouvelles
démarches, auxquelles le Colonel répondit encore par
un refus :

« J'ai assez vécu déjà, écrivait-il, pour avoir eu de
« nombreuses occasions de « consulter mon esprit et
« mes forces » ; j'en aurais bien peu profité si j'osais
« accepter une tâche que je ne me sens pas capable
« d'accomplir. »

La modestie qui se fait jour dans cette lettre était
peut-être, avec l'énergie tranquille, la caractéristique
dominante de sa personnalité. Lorsque j'eus l'honneur
de le voir pour la première fois, je lui racontai qu'un
perpignanais m'avait parlé de lui pendant que j'étais à
l'Ecole des Chartes: « Ah! Monsieur, me répondit-il
aussitôt, n'ajoutez pas foi à tout ce qu'on vous dira sur
mon compte ; j'ai eu un oncle qui a écrit et dont je
porte le nom, et on croit que c'est moi qui ai fait ses
livres. » Ce n'était là ni une timidité maladive, ni la
sauvagerie d'un esprit inquiet, mais l'effacement voulu
d'un homme consciencieux en toutes choses, qui doute
assez de ses forces pour ne pas rechercher les respon-
sabilités et connaît trop le prix du temps pour le
gaspiller en d'inutiles honneurs. C'était aussi, il faut
le dire, l'humilité chrétienne provenant d'un sentiment
profondément religieux.

Antoine Puiggari était, en effet, un catholique
fervent. Peut-être les rudes épreuves qui avaient
traversé sa vie le poussèrent-elles à chercher dans la
foi des consolations nécessaires ; mais ici encore sa

belle intelligence fut son principal guide, et il lui arrivait d'exposer les motifs de ses croyances avec une élévation de pensée et une éloquence véritables. Mis en présence du problème de la douleur et de la destinée humaines, il l'avait savamment étudié, et le dogme catholique fut l'inconnue qui se dégagea à ses yeux de cette redoutable équation. Avec sa logique habituelle, il accepta, en même temps que cette solution, les conséquences qu'elle entraîne, et il s'appliqua sans relâche à conformer ses actes à ses convictions.

On pense bien que sa piété n'avait rien d'acariâtre. Réservé avec les indifférents, il était, avec les visiteurs qu'il honorait de son amitié, d'une inaltérable bienveillance. Sa bonhomie était faite de charité et d'humour, et son indulgence pour les personnes ne l'empêchait pas d'observer finement leurs faiblesses et de conter avec esprit. Bien souvent on arrivait rue Saint-Christophe pour demander un conseil ou pour emprunter un livre ; on refusait un siège de peur de s'attarder ; mais on ne pouvait pas ne pas échanger un mot à propos du dernier livre de M. X. ou du mordant article de M. Z., et alors, oubliant que le temps s'écoulait, on restait debout, pendant des heures entières. Jamais je n'ai éprouvé plus vivement quel charme indicible se dégage de l'entretien de ces vieillards, supérieurs par l'esprit et par le caractère, que la souffrance, les hommes et les événements ont instruits, sans jamais les dominer ni les abattre.

Au physique Antoine Puiggari paraissait ce qu'il était bien réellement : un fort. Sa tête puissante reposait sur de larges épaules. Il conservait du soldat l'atti-

tude que laissent l'exercice du commandement et le
port de l'uniforme; il avait du savant la physionomie
grave et le regard réfléchi, derrière ses lunettes. Sa
grande barbe blanche lui donnait un air patriarcal.

La vigoureuse constitution du Colonel s'était affaiblie
durant les dernières années. L'intelligence était toujours
aussi alerte et le cœur aussi bon; mais des maladies
douloureuses et des deuils plus cruels encore ruinaient
rapidement ce corps jadis si robuste. Antoine Puiggari
se rendait nettement compte de son état et il envisa-
geait la mort prochaine sans appréhension; il l'aurait
vue venir sans regret, s'il n'avait laissé derrière lui des
êtres chers.

Le 3 décembre 1890, au matin, il fut trouvé mort
au pied de son lit.

Les obsèques eurent lieu sans pompe : simple et
droit jusqu'au bout, le Colonel avait voulu qu'il n'y
eût à son enterrement ni discours ni honneurs
militaires.

Sans doute, s'il avait prévu que la présente notice
serait rédigée, il en aurait à l'avance empêché la
publication. Et néanmoins je crois devoir rendre à sa
mémoire ce suprême hommage : l'existence d'Antoine
Puiggari est une de ces vies exemplaires qui font
honneur à un pays et qui rendent meilleur.

Aug. BRUTAILS.

Extrait du XXXIIe Bulletin de la *Société Agricole, Scientifique*
et Littéraire des Pyrénées-Orientales.

Nous avons le regret d'apprendre à nos lecteurs une bien douloureuse nouvelle. Notre compatriote M. Antoine Puiggari, colonel du Génie en retraite et commandeur de la Légion d'honneur, est mort subitement ce matin dans sa maison de la rue Saint-Christophe, au moment où, selon sa coutume quotidienne, il allait partir pour aller à la messe.

C'est une véritable perte pour Perpignan où le colonel inspirait une véritable vénération. Au point de vue chrétien c'était un saint, au point de vue de la science c'était le plus infatigable des travailleurs, vivant comme un bénédictin au milieu de ses livres, et en même temps le plus modeste des hommes. On venait de toutes parts le consulter sur les questions historiques les plus difficiles et notamment sur tout ce qui intéressait notre histoire locale.

Le *Roussillon* perd un de ses plus fidèles lecteurs et un de ses meilleurs amis. Nous adressons à la famille du colonel Puiggari l'expression de nos plus profonds regrets.

Roussillon du 3 décembre 1890.

———————

Une foule considérable a accompagné hier à sa dernière demeure le colonel Puiggari dont nous avions mercredi annoncé la mort. Nous parlions à ce moment de sa modestie, mais nous ignorions encore ses dispositions dernières. Il a refusé les honneurs militaires auxquels il avait droit, a défendu de prononcer des discours sur sa tombe et demandé de partager la tombe des pauvres.

Certes, c'est à un noble sentiment d'humilité chrétienne que le colonel a obéi, mais peut-être devons-nous regretter qu'aucune voix autorisée n'ait pu retracer cette belle et noble existence, moins comme un éloge pour le vénérable défunt, qui n'en voulait point, que comme un exemple et une leçon pour ceux qui restent après lui.

Un des meilleurs élèves de l'École Polytechnique, se conduisant en héros à Constantine, blessé au siège de Rome, refusant les étoiles de général, le colonel a eu une des plus brillantes carrières militaires qui soient. Nous ne reviendrons pas sur ce que nous avons dit de sa vie de savant et de chrétien. Nous avions encore le droit d'en parler l'autre jour, aujourd'hui la volonté suprême du colonel nous le défend.

Roussillon du 5 décembre 1890.

Le monde religieux et savant et la haute société Perpignanaise viennent de faire dans la personne du colonel Antoine Puiggari une bien regrettable perte.

Depuis plus de quinze ans qu'il avait quitté l'armée

pour rentrer dans la vie privée, ce vieillard vénérable partageait son temps entre la prière et l'étude. Chrétien de vieille roche, il faisait l'édification de sa paroisse et de tous ceux qui l'approchaient. Sa première préoccupation était tous les matins d'entendre la sainte messe.

Travailleur infatigable, il se livrait à des recherches continuelles sur toutes les branches de la science sacrée et profane, mais principalement sur tout ce qui pouvait intéresser l'histoire locale.

Sa science n'avait d'égale que sa modestie, cette modestie dont on a pu admirer le reflet jusque dans ses funérailles.

Par une disposition testamentaire spéciale, il a refusé à ses obsèques les honneurs militaires, et il a voulu que ses restes, au lieu de reposer dans un caveau, fussent déposés dans la fosse commune. Sur son cercueil, recouvert du simple drap noir, point de couronnes ni de fleurs, pas même les insignes de son grade, rien que l'image du Crucifié.

Des discours éloquents auraient pu être prononcés sur sa tombe; il l'avait interdit, préférant à tous ces vains éloges une fervente prière.

Cette prière, nous osons la demander pour lui aux lecteurs de la *Semaine*, en même temps que nous offrons à sa famille, si éprouvée par cette perte inattendue, nos plus respectueuses condoléances.

Semaine Religieuse du 6 décembre 1890.

Le 3 décembre 1890 est décédé subitement à Perpignan, à l'âge de 75 ans et 10 mois, Antoine-Jean-Baptiste-François-Xavier Puiggari, ancien élève de l'École polytechnique, colonel du Génie en retraite, commandeur de la Légion d'honneur. Le colonel Puiggari n'était pas seulement un soldat d'une rare bravoure et un savant ingénieur ; neveu de Pierre Puiggari, ami intime de Louis de Bonnefoy, il avait puisé dans le commerce de ces historiens distingués le goût des choses de l'érudition, et il déploya dans ses études des qualités de premier ordre : un esprit éminemment scientifique, un sens critique développé, de la sagacité, enfin une conscience et une puissance de travail invraisemblables. Bien qu'une excessive modestie l'empêchât de publier les résultats de ses recherches, Antoine Puiggari a exercé sur les études historiques du Roussillon une influence prépondérante; tous les curieux du passé de la Province défilaient dans cette riche et hospitalière bibliothèque de la rue Saint-Christophe, certains d'y trouver de précieuses indications et le plus affable accueil. J'avoue, pour ma part, que tous mes ouvrages ou à peu près ont bénéficié du travail de ce chercheur aussi bon que savant et ce n'est pas sans un serrement de cœur que je retrouve de temps à autre, en recopiant mon dernier travail sur le Roussillon, cette note en regard des passages les plus embarrassants : « Consulter le Colonel. »

Le colonel Puiggari alliait à l'énergie une exquise délicatesse de sentiments et des idées larges à des convictions inébranlables ; ferme et droit, c'était un caractère digne du moyen âge qu'il connaissait si bien. Cet officier supérieur, ce commandeur de la Légion d'honneur, a voulu qu'il n'y eût à ses obsèques ni un discours ni un piquet militaire, restant ainsi, jusqu'au delà de la mort, fidèle à sa chère simplicité et à cette devise qu'il aurait pu faire sienne : *Plus d'honneur que d'honneurs.*

Aug. BRUTAILS.

(Revue des Pyrénées.)

LE PATRIARCHE DU ROUSSILLON

A toutes les fêtes patronales de notre pays, on a coutume de consacrer le second jour à la commémoration des fidèles trépassés, rendant par là plus sensible à la population le dogme consolateur de la communion des saints ; car, tout en honorant le Patron de la paroisse, la parentèle se réunit, les amitiés se renouent et les bien-aimés défunts viennent revivre dans la mémoire de tous.

Aux Jeux Floraux, fête patronale de la langue catalane, il se fait bien aussi quelque chose de cela ; mais non pas tout à fait comme nous voudrions. Outre le souvenir qui est dédié aux décédés, au moment de la fête, nous voudrions que tous ceux qui aimons la langue et les gloires de la patrie, nous nous réunissions le lendemain, dans la chapelle de Saint-George ou dans une autre semblable, pour transmettre à ceux qui nous ont précédés dans l'autre monde, le tribut de la prière chrétienne.

Et nous en avons déjà tant sur la liste ! Comme ils s'éclaircissent, grand Dieu! les rangs de ceux qui, depuis trente ans, sans discontinuer, ni donner de trève à notre esprit, luttons pour la restauration de la Patrie! Cette même année la mort nous en a ravi plusieurs de

LO PATRIARCA DEL ROSSELLO

En totas las festas majors de la nostra terra, es costúm destinar lo segon dia á la commemoració dels faels difunts, fentse axís mes sensible al poble lo dogma consolador de la comunió dels Sants, puix honrant al Patró de la parroquia, se reunexen las parentelas y 's relligan las amistats y tornan á reviure en la memoria los amats difunts.

En los Jochs Florals, la festa major de la Llengua Catalana, quelcom se fa també d'açó, encara que no del tot com nosaltres voldríam; puix á mes del recort que als finats se dedica en lo moment de la festa, voldríam que al endemá nos reunissem tots los aymadors de la lléngua y de las glorias de la pátria, en la capella de Sant Jordi ó en altre consemblant, per trametre als que 'ns precediren al altre mon, lo tribut de la cristiana pregaria.

Y n' hi tením ja tants á la llista ! Com s' aclarexen, Deu meu, las filas dels qui fa trenta anys, sense parar y sens dar treva á nostre esperit, lluytam per la restauració de la Pátria! Enguany mateix la mort nos en ha robat alguns de ben estimats; dos sobre tot que casi no eran coneguts en nostra terra, y que merexen no obstant un sitial d' honor en lo Necrologi del bien chers ; deux surtout, qui n'étaient guère connus dans notre pays et qui méritent néanmoins une place d'honneur dans la Nécrologie du Catalanisme ; tous les deux roussillonnais : Mgr Tolra de Bordas et M. Antoine Puiggari.

Nous voulons aujourd'hui faire mention spécialement de celui-ci, et déjà, avec le titre seul de cet article, nos lecteurs comprendront quelle était l'importance de l'homme.

Oui, le colonel Puiggari était le Patriarche vénérable des catalans de France. Il était comme l'incarnation vivante de l'esprit catalan, qui se perd de jour en jour dans la belle contrée du Roussillon ; et de ses lèvres coulait notre doux langage, dans toute sa pureté, et sans aucun mélange, comme la source limpide qui sort des glaciers du Canigou.

Nous nous souviendrons toujours de l'impression que nous causa la première visite que nous lui fîmes. Nous parlons déjà d'une foule d'années. Aguiló, qui, de même qu'il connaît tous les points de la Catalogne, a vu toujours où battait un cœur catalan, pour si caché qu'il fût dans un recoin de montagne, nous avait parlé diverses fois d'un militaire français, retiré à Perpignan, qui savait bien le catalan et qui était très au courant des choses qui nous intéressent. L'année 1873, Mossen Cinto (Verdaguer), étant malade, nous allâmes tous les deux faire une petite excursion en Roussillon, et, à Perpignan, nous demandâmes où demeurait le colonel Puiggari. Dans une modeste maison de la rue Saint-Christophe, là, nous trouvâmes notre homme. C'était un superbe vieillard. Sa tête, majestueuse sans

Catalanisme; tots dos rosselloneros, Mossen Tolrá de Bordas y don Antoni Puiggarí.

D' aquest volém fer avuy menció especial, y ja ab lo títol sols de aquest article, compendrán nostres lectors la importancia del home.

Sí; lo coronel Puiggarí era 'l Patriarca venerable dels catalans de França; ell era com la encarnació vivent del esperit catalá que 's va perdent en aquella hermosa encontrada del Rosselló; y de sos llabis la nostra parla fluhía encara pura y neta, sensa barreja com la gemada fontanella que ix de las congestas del Canigó.

Sempre recordarém la impressió que 'ns causá la primera visita que li férem. Parlám ja d' una pila d' anys. L' Aguiló, que axís com coneix tots los indrets de Catalunya, ha sabut sempre hont palpitava un cor catalá, per mes amagat que estigués en un recó de montanya, nos havía parlat várias vegadas d' un militar francés, retirat á Perpinyá, que sabía molt catalá y estava molt enterat de las nostras cosas. L' any 73, estant malalt Mossen Cinto, anárem á fer una passejadeta pel Rosselló, y á Perpinyá demanárem per lo coronel Puiggarí. En una casa módesta del carrer de Sant Cristófol, trobárem al home. Era un vell hermosíssim. Sa testa arrogant, sense affectació, estava coronada per una hermosa cabellera de fils de plata é il-luminada per dos ulls vius, intel-ligents y sobremanera bondadosos. Assentat semblava un monjo benedictí; dret, era 'l militar valent y digne. Sentirlo parlar era un encant. Res de aquexas formas parassitarias que en lo Rosselló se van menjant la vitalitat de la llengua

affectation, était couronnée d'une belle chevelure de
fils d'argent et éclairée par deux yeux vifs, intelligents
et d'une extrême bienveillance. Assis, il avait l'air
d'un moine bénédictin ; debout c'était le militaire
vaillant et digne. C'était un charme de l'entendre
parler. Point de ces formes parasites qui, dans le Roussillon, absorbent peu à peu la vitalité de la langue
catalane. Quant à moi, il me semblait que j'entendais
un vieux cultivateur de Collsacabre. Et il écrivait le
catalan comme il le parlait; car il est bon que l'on
sache que l'étude de notre langue et de notre littérature était, après l'archéologie, l'objet de sa plus
grande affection. Tout dernièrement, il s'était adonné
à la reproduction exacte en lettres enluminées, nettes
et reposées comme son caractère, du *Livre des femmes*,
de Ximénès.

Puiggari était né l'an 1815. Il fit ses premières
études à Perpignan, obtenant toujours les meilleures
notes. Se sentant du goût pour la carrière militaire, il
entra à l'École Polytechnique de Paris, et ensuite à
l'École d'Application de Metz. Il fit, avec distinction,
dans l'armée du génie, les campagnes d'Afrique et
celle de Rome, et y gagna le grade de colonel et la
croix de commandeur de la Légion d'honneur. Notre
ami Pépratx nous a mandé que Puiggari avait été le
premier officier français qui entra à Rome, pour en
chasser les révolutionnaires, en 1849, et que c'était la
seule de ses actions qu'il rappelât avec une sorte
d'orgueil, ne parlant des autres que pour dire qu'il
n'avait fait que remplir son devoir.

Il perdit prématurément sa jeune épouse et resta

catalana; á mi 'm semblava sentir un antich pagés de
Collsacabra. Y tal com lo parlava l' escribía; perque
es de saber que, després de la Arqueología, l'estudi de
la nostre léngua y de la nostra literatura, era la sua
priñcipal afició. Ara últimament s' havía entretingut en
fer un trasllat en lletra hermosa, nítida, tranquila y
reposada com lo seu carácter, del *Llibre de les dones*
del Eximenis.

Havía nascut en Puiggarí l' any 1815; feu sos
primers estudis á Perpinyá, trayent sempre las millors
notas; sentintse inclinat á la carrera militar, passá á
l'Escola Politécnica de París y després á l' escola de
aplicació de Metz; y 's distingí com enginyer en las
campanyas de Africa y en la de Roma, guanyant lo
grau de Coronel y la comendadoria de la Legió
d' Honor. Nos ha escrit nostre estimat Pepratx que 'l
Puiggarí havía sigut lo primer official francés que entrá
á Roma, per trauren los revolucionaris l' any 49, y
aquesta era « l' única de sas hassanyas que retreya ab
« una mica d' orgull, puix de las altres no 'n parlava
« gayre, sino per dir que no havía fet mes que cumplir
« son dever. »

Perdé sa jove esposa molt aviat, y quedá ab tres
filletas á las quals criá y educá ab la solicitut de pare y
lo amor entranyable de mare; y obtingut lo retiro,
torná á Perpinyá hont ha passat tranquil y casi
abscondit los últins anys de sa vida, soportant ab
paciencia las molestias de penosa enfermetat y entregat
totalment al estudi y á la práctica de totas las virtuts
cristianas. Era 'l tipo del militar católich, cavaller,
generós, enamorat dels grans ideals y vivint la vida

seul avec trois fillettes, dont il prit soin et qu'il éleva avec
toute la sollicitude d'un père et la tendresse affectueuse
d'une mère. Ayant obtenu sa retraite, il revint à Perpignan, où il a passé tranquille et presque caché les
dernières années de sa vie, supportant avec patience
les incommodités d'une infirmité douloureuse et voué
entièrement à l'étude et à la pratique de toutes les
vertus chrétiennes. C'était le type du soldat catholique,
noble, généreux, épris des grands idéals et vivant
de la vie la plus modeste possible. Nous ne passions
jamais à Perpignan sans lui faire une visite ; et il nous
rendait confus par les termes affectueux dont il nous
remerciait de nous souvenir de l' « ermite de saint
Christophe », disait-il, faisant allusion à la rue qu'il
habitait et à la barbe blanche et fournie qui lui donnait
un aspect patriarcal.

Ses études, comme l'a très bien dit son neveu, le
sympathique écrivain pyrénéen Charles Bosch de la
Trinxerie, étaient des études de bénédictin. Il n'y avait
rien en Archéologie qu'il ne sût et l'on trouverait peu
d'hommes connaissant, comme lui, la glorieuse histoire
de la Maison d'Aragon. Nos lettres anciennes, aussi
bien que les modernes, lui étaient familières.

Nous ne le voyions jamais sans chercher à lui soutirer
quelqu'un de ses écrits, et c'est seulement à notre
dernière visite que nous pûmes obtenir qu'il nous
remît, bien à regret, deux poésies, l'une d'elles
empreinte de sentiment et très profondément chrétienne.
Il avait horreur de la publicité de toute sorte, ce qui
provenait d'un fond d'humilité tel, qu'il le faisait presque souffrir.

mes modesta que darse puga. Nosaltres no passavam may per Perpinyá que no li féssem una visita; y eran per confondre las frases carinyosas ab que agrahía que 'ns recordessem del « ermitá de Sant Cristófol » com ell deya, aludint al carrer hont habitava y á la blanca y poblada barba que li dava un aspecte patriarcal.

Sos estudis, com ha dit molt be lo seu nebot, lo simpátich escriptor pirenáich En Carles Bosch de la Trinxeria, eran estudis de benedictí; y no hi havía res en arqueología que ell no sapigués, y pochs ne trobaríam que coneguessen com ell la gloriosa historia del Casal d'Aragó. Las nostras lletras antiguas y modernas li eran familiars.

No 'l véyam may que no li festejessem algun de sos escrits, y sols poguérem lograr en la última visita que li férem que 'ns donás, molt de malgrat, un parell de poesias, una d' ellas sentidíssima y profundament cristiana. Tenía horror á la publicitat per tots estils; y açó venía d ' un fondo tal de humilitat, que casi 'l feya sufrir.

Maná que se l 'enterras com un pobre, terra enllá, y sobre 'l féretre no volgué mes insignias que un Sant Crist que ell s' estimava molt.

Ha mort á la edat de 78 anys, plé de mérits; y 'ls bons perpinyanesos s' han dolgut molt de la pérdua « del mes bo, del mes sabi y del mes sant dels catalans y dels patricis de nostre amat Rosselló, » com nos escribía l' amich Pepratx pochs dias després de la mort del Puiggarí.

L' Aguiló nos havía dit moltas vegadas: « hauríam de veure de portarlo un any de President als Jochs

Il recommanda qu'on l'inhumât comme un pauvre, dans la terre, et il ne voulut d'autre insigne sur son cercueil qu'un Christ, auquel il était très attaché.

Il est mort à l'âge de 76 ans, plein de mérites, et les bons perpignanais ont beaucoup regretté la perte « du meilleur, du plus savant et du plus saint des catalans et des notables de notre bien-aimé Roussillon », ainsi que nous l'écrivait l'ami Pépratx, peu de jours après la mort de Puiggari.

Aguiló nous avait dit à plusieurs reprises : « Nous devrions tâcher de le porter une année président des Jeux Floraux. » Nous lui en fîmes la proposition, il y a longtemps, tandis qu'il était encore plein de force ; mais il était impossible de l'arracher de Perpignan, ni presque de son étude. Puisque cela n'a pu être, aujourd'hui, jour de notre fête, nous nous sommes fait un devoir d'écrire cette courte notice, espérant qu'elle ne sera pas le seul souvenir que les catalans aient à garder du vénérable Patriarche du Roussillon.

JACQUES COLLELL, prêtre.

Maître en Gai-Savoir, depuis le 7 mai 1871.

Florals. » Li férem la proposta, fa molt temps, quan encara tenia las forsas mes senceras; pero era impossible tráurel de Perpinyá y casi del seu estudi. Ja que no ha pogut ser açó; avuy, dia de la nostra festa, nos hem fet un dever de escriure esta breu noticia, esperant que no ha de ser aquesta la única memoria que 'ls catalans tingan del venerable Patriarca del Rosselló.

JAUME COLLELL, Pbre.

Mestre en Gay Saber, al 7 de May de 1871.

(*La Veu de Catalunya* del 17 de maig 1891).

ANTOINE PUIGGARI

Le 10 décembre, est décédé à Perpignan, à l'âge de 76 ans, Antoine Puiggari, colonel du Génie en retraite, commandeur de la Légion d'honneur. Il a voulu être inhumé en terre, comme un pauvre, sans escorte militaire, ayant prescrit qu'il ne fût pas prononcé de discours à sa mémoire sur sa tombe. Tout Perpignan, pauvres, riches, clergé, sociétés de bienfaisance, religieuses, écoles chrétiennes, autorités civiles et militaires assistaient à ses funérailles, et l'a accompagné au cimetière de la Porte de Canet.

La mort de ce noble et éminent roussillonnais a été un deuil pour ses nombreux amis, non seulement dans son pays, mais encore dans tout le Midi de la France, ainsi que dans la Catalogne.

Caractère bon, aimable, sympathique, plein de modestie, ayant un sourire amical toujours sur les lèvres, recevant toute la journée, dans sa bibliothèque, savants, poètes, littérateurs français, provençaux ou catalans, qui venaient le consulter sur des questions d'histoire, d'archéologie, de philologie, etc., Antoine Puiggari était un savant bénédictin, un travailleur infatigable, continuellement à la tâche.

Il a laissé des travaux d'une grande valeur, qui seront publiés Dieu sait quand. Sa modestie était si grande que, durant sa longue carrière de labeur, il n'a

ANTONI PUIGGARÍ

Lo 10 desembre morí á Perpinyá, á la edat de setan-tasis anys, en Antoni Puiggarí, coronel d'ingeniers retirat, comendador de la Llegió d'honor. Volgué ser enterrat com un pobre, dins terra, sens cap acompa-nyament de tropa, prohibint qu'es fes cap discurs á sa memoria sobre sa tomba. Tot Perpinyá, pobres, richs, clero, societats de beneficencia, monjas, escolas cristia-nas, autoritats civils y militars, assistí á sos funerals y l'acompanyá al cementiri del portal de Canet.

La mort d'eix illustre patrici rossellonés ha sigut molt sentida per tots sos amichs, no sols en lo Rosselló, peró en tot lo mitjdía de França y Catalunya. Carácter bondadós, amable, simpátich, plé de modestia, sempre la amical somrisa als llabis, malgrat los sufriments de sa llarga malaltía, rebent tot lo dia en sa biblioteca sabis, poetas, literats francesos, provençals, catalans, que venían á consultarlo per qüestions históricas, arqueológicas, filológicas, et cétera.

En Antoni Puiggarí era un sabi benedictí en tota l'accepció de la paraula, un treballador incansable, sempre á la tasca. Ha dexat treballs de gran válua que Deu sab quan se publicáran; puig sa modestia era tanta, que durant sa llarga vida de treball, may ha volgut publicar cap dels seus nombrosos escrits refe-rents á la historia del Rosselló y de Catalunya, á la

jamais voulu publier un seul de ses nombreux écrits concernant l'histoire du Roussillon et de Catalogne, la numismatique, la philologie et l'archéologie des deux pays.

Son cabinet d'étude n'est pas seulement une bibliothèque de mille et mille volumes, c'est un vrai musée. Il faut des heures entières pour examiner avec quelque attention tout ce qu'il renferme de remarquable en livres anciens, d'éditions rares, en estampes, dessins, parchemins, y compris un médaillier inappréciable de monnaies inédites de nos comtes de Besalú et Roussillon, etc., etc.

Puiggari était catalan de cœur. Il cultivait notre littérature et la connaissait à fond. Il avait recueilli toutes nos productions littéraires, depuis les chroniques et les auteurs catalans les plus anciens, jusqu'à ceux de notre temps. Il était dans le ravissement lorsqu'il recevait la visite d'amis catalans, de Verdaguer, du chancine· Collell, ou de quelque savant distingué de notre pays. Avec quel plaisir il conversait alors avec eux en catalan, qu'il parlait comme nous, et comme s'il avait passé toute sa vie en Catalogne, tant il avait fait une étude consciencieuse de notre langue!

En vrai sage, Puiggari fut un croyant et fervent catholique, charitable, béni des pauvres, supportant ses souffrances avec une résignation toute chrétienne, les offrant en sacrifice au Dieu de miséricorde, qui bien certainement lui en aura tenu compte en recevant son âme dans la gloire céleste.

C. BOSCH DE LA TRINXERIE.

numismatica, filología, arqueología de abdós països. Son cabinet d'estudi es més de una biblioteca de mils y mils volums, es un ver museo ; cal horas pera examinar detengudament tot lo que té de remarcable en llibres antichs de edicions raras, estampas, dibuxos, pergamins, monetari inapreciable de monedas inèditas de nostres comtes de Besalú y Rosselló, etc., etc.

En Puiggarí era catalá de cor ; conreava nostre literatura, que conexía á fons ; havía aplegat totas nostras produccions literarias, desde las crónicas y autors catalans més antichs, fins los de avuy dia. Cap autor catalá li era desconegut. Estava en sas glorias quan rebia la visita de sos amics catalans, de Mossen Verdaguer, de Mossen Collell y de algún literat de marca de nostra terra : allavors li feya un plaher de parlar en catalá, que parlava com nosaltres, com si hagués sempre viscut á Catalunya, puig tenía fet de nostra llengua un estudi concienciós.

Com á verdader sabi, era un creyent y fervorós católich ; caritatiu, benehit pels pobres, suportant sos sufriments ab vera resignació cristiana, oferint los en sacrifici al Deu de misericordia, que ben cert li'n haurá tingut compte rebent la seva ánima en la gloria celestial.

C. BOSCH de la TRINXERIA.

7